TABLE DES MATIÈRES

Préface de l'éditeur

Cher lecteur,

Bienvenue à Paris ! Bienvenue aux Jeux Olympiques !

Grand rendez-vous de l'exploit et du mérite sportifs, les Jeux Olympiques prennent leur origine dans la Grèce antique, environ huit siècles avant Jésus-Christ. Sous l'effet d'une combinaison de facteurs politiques, religieux et sociaux, ils déclineront progressivement avec l'Empire romain jusqu'à interruption au quatrième siècle de notre ère… avant de renaître mille cinq cents ans plus tard sous l'impulsion du baron Pierre de Coubertin. Aujourd'hui encore, ils constituent l'un des plus importants théâtres où des athlètes venant d'horizons divers s'efforcent de repousser leurs limites pour tenter de gagner une « couronne ».

Il va sans dire que l'activité physique est indispensable au maintien d'une bonne santé physique ainsi que de la prospérité intellectuelle. On notera cependant que ce qui est recommandé de nos jours – trente minutes de marche quotidienne, pauses fréquentes avec changement de position, etc. – ferait simplement rire les anciens Grecs qui ne disposaient pas des moyens de locomotion actuels et dont la majorité des métiers étaient manuels. Ils promurent le sport, non pas en raison d'une insuffisance de l'activité, mais dans une démarche de développement complet de l'individu – la *paideia*, afin d'en faire un citoyen capable de prendre efficacement part aux affaires publiques. C'est en suivant la même approche holistique que Pierre de Coubertin proposa le rétablissement des Jeux Olympiques au Congrès de Paris de 1894. En plus de promouvoir l'excellence et le dépassement de soi, l'éducateur y voyait aussi un moyen de cultiver les valeurs fondamentales de respect mutuel et de compétition honorable, et ainsi contribuer à bâtir une société meilleure. Comme il le soulignera, « *[...] l'essentiel ce n'est pas d'avoir vaincu mais de s'être bien battu.* »

Pour accueillir cette édition, la ville lumière s'est préparée avec minutie. Entre infrastructures de mobilité, logements et autres aménagements urbains, il était question d'honorer convenablement cette opportunité, cent ans après la dernière. Et que dire de tous ces athlètes pour qui l'évènement sanctionnera de longs mois voire années de travail et d'abnégation ? Pendant que le monde entier va se délecter du spectacle que tout cela promet, peut-être est-ce aussi l'occasion de penser à cet autre jeu dont les olympiques ne sont finalement qu'une métaphore filée : le jeu de la vie. Chacun est enrôlé comme athlète dès le premier jour de son existence et devra au cours de celle-ci disputer bien des rencontres. Il faudra être fort, technique, endurant ou comme pour les épreuves combinées, polyvalent. Parfois, savoir manier des outils, franchir des obstacles ou faire équipe. Mais plus essentiellement, quel en est le but ? Quelles en sont les règles ? Car là aussi il faut bien se battre.

Il faudrait de nombreux volumes pour faire le tour du sujet. Nous te proposons cette réédition de l'essai du Professeur

Zacharias Tanee Fomum, originellement intitulé *L'amour et le pardon de Dieu*. Holiste lui aussi, et davantage dans le sillage des anciens, le Professeur l'aborde dans une perspective spirituelle. En effet, les jeux antiques étaient dédiés à des divinités : Zeus pour Olympie, Poséidon pour Corinthe, Apollon pour Delphes. Le serment jadis prononcé face à Jupiter est resté un élément clé de la cérémonie d'ouverture. Les processions actuelles ne se terminent plus par des sacrifices, mais demeurent empreintes de la même solennité. Hors saisons de concours, certaines disciplines se pratiquent toujours dans des « temples ». Les valeurs morales à la base de notre *fair-play* sont largement empruntées à la religion. L'influence du Bouddhisme et du Taoïsme les a érigées en principes même de la discipline, pour la plupart des arts martiaux. Et d'après la Bible, « *[…] l'exercice corporel est utile à peu de chose, tandis que la piété est utile à tout, ayant la promesse de la vie présente et de celle qui est à venir* » (1 Timothée 4:8). La sécularisation de la société moderne tend à nous éloigner de plus en plus de cet héritage spirituel. Le Professeur Fomum fait partie de ces hérauts, soucieux de l'épanouissement de l'être dans son entier, qui continueront de nous le rappeler.

Avec le style didactique qu'on lui connaît, il restitue le contexte et le but du jeu, en explique les règles essentielles, puis donne les incontournables pour le bon départ et pour la victoire. Il fait tout cela de façon très résumée. La bibliographie en fin te permettra d'explorer plus en profondeur chacun de ces aspects, et davantage.

Chapitre 1

Au commencement

I - La création parfaite de Dieu

La Bible nous dit que Dieu créa le monde et tout ce qui s'y trouve : le soleil, la lune, les animaux marins, les animaux terrestres, etc. Et Dieu vit que tout ce qu'Il avait créé était bon (Genèse 1:25). Puis, « *Dieu créa l'homme à son image, Il le créa à l'image de Dieu, Il créa l'homme et la femme* » (Genèse 1:27). Après la création de toute chose, aussi bien de l'homme que de l'animal, de la terre et de la mer, etc. « *Dieu vit tout ce qu'Il avait fait ; et voici, cela était très bon* » (Genèse 1:31 a). Si Dieu, en regardant une chose, dit qu'elle est bonne, c'est qu'elle doit être réellement parfaite en tout point de vue. L'homme était donc parfait à la création. Il n'y avait rien d'imparfait en lui. Il était tel que, lorsque Dieu le regardait, Son cœur Se réjouissait et Il pouvait dire à peu près ceci : « Voilà Ma parfaite et merveilleuse créature. »

II - L'homme à l'image et à la ressemblance de Dieu

La création de l'homme à l'image et à la ressemblance de Dieu était un fait spécial pour l'homme. Les autres créatures n'avaient point part à cette nature. Dieu avait un but particulier en créant l'homme ainsi. Ce but était premièrement que l'homme puisse Lui être particulièrement attaché, capable de Le comprendre, de Lui parler, de se réjouir en Lui et de Le glorifier à jamais ; et deuxièmement, que l'homme assume la responsabilité du reste de la création, la contrôlant et la dirigeant.

Cette relation spéciale entre Dieu et l'homme avait pour but de plaire à Dieu autant qu'à l'homme. Dieu la voulait et l'homme en avait besoin. Bien que la voulant, Dieu pouvait S'en passer. L'homme, au contraire, en avait besoin pour bien fonctionner.

III - La communion entre Dieu et l'homme

En fait, Dieu descendait vers l'homme pour parler avec lui (Genèse 3:8). Probablement pendant ces entretiens, l'homme (Adam et Ève) avait dû dire à Dieu qu'il L'aimait et qu'il Lui était reconnaissant de l'avoir créé et de lui avoir donné une si belle vie et un si beau jardin. Probablement il Lui aurait dit qu'il voulait L'aimer et Lui obéir en tout temps et en toutes choses. Ces rencontres spéciales entre Dieu et l'homme avaient dû être merveilleuses.

Tout était si merveilleux. Chacun avait dû se sentir à l'aise en présence de l'autre, et quand ils se parlaient, il n'y avait aucune barrière entre eux.

QUESTIONS

1. Comment Dieu voyait-Il l'homme au commencement ?
2. Comment Dieu voyait-Il le reste de la création au commencement ?
3. Quelle est la première raison pour laquelle Dieu créa l'homme à l'image et à la ressemblance de Dieu ?
4. Quel est le genre de relation qui existait entre Dieu et l'homme au commencement ?

Chapitre 2

Le péché et ses conséquences

I - Le péché d'Adam

Pour que la relation entre Dieu et l'homme puisse continuer sans barrière, Dieu exigeait de l'obéissance. Cette obéissance devait être manifestée par l'homme en observant les commandements de Dieu.

L'un des premiers commandements que Dieu donna à l'homme fut : « *Tu pourras manger de tous les arbres du jardin, mais tu ne mangeras pas de l'arbre de la connaissance du bien et du mal, car le jour où tu en mangeras, tu mourras* » (Genèse 2:16-17). C'était un commandement simple auquel on pouvait obéir. L'homme n'avait pas besoin de désobéir, puisque Dieu lui avait donné la liberté de manger du fruit de tous les autres arbres.

Cependant l'homme désobéit, car la Parole de Dieu dit : « *La femme vit que l'arbre était bon à manger et agréable à la vue, et qu'il était précieux pour ouvrir l'intelligence ; elle prit de son fruit et en mangea ; elle en donna aussi à son mari, qui était auprès d'elle, et il en mangea* » (Genèse 3:6). Ce fut un acte délibéré. Il n'avait pas été accompli par ignorance. L'homme savait ce qu'il faisait. Il avait délibérément décidé qu'il savait mieux que Dieu et qu'il voulait son indépendance à l'égard de Dieu. Par cet acte, l'homme pécha ; car pécher, c'est choisir sa propre voie au lieu de la voie de Dieu ; c'est faire ce qu'on sait ne pas devoir faire, en laissant non fait ce que l'on sait devoir faire.

II - Les conséquences du péché d'Adam

La première conséquence du péché d'Adam fut qu'il ne se sentit plus à l'aise dans la présence de Dieu. Quand Dieu descendit pour Sa rencontre habituelle avec lui, Adam fut introuvable. Dieu appela : « *Où es-tu ?* » (Genèse 3:9), et Adam répondit : « *J'ai entendu Ta voix dans le jardin et j'ai eu peur, parce que je suis nu, et je me suis caché* » (Genèse 3:10). L'homme avait peur et il s'était caché. Son péché lui avait apporté la peur et la dissimulation. Il ne pouvait plus jouir de la présence de Dieu et la peur remplissait son cœur.

La deuxième conséquence de son péché fut qu'Adam fut chassé du jardin (de la présence de Dieu) : « *C'est ainsi qu'il chassa Adam ; et il mit à l'orient du jardin d'Éden les chérubins qui agitent une épée flamboyante, pour garder le chemin de l'arbre de vie* » (Genèse 3:24).

Étant désormais indigne d'avoir une relation convenable avec Dieu, Adam fut renvoyé de la présence de Dieu ; et des chérubins avec des épées furent placés à l'entrée du jardin pour résister et rendre impossible toute tentative de l'homme de retourner à Dieu selon ses propres conditions.

La troisième conséquence du péché fut que l'homme mourut. Dieu avait dit que le jour où il désobéirait, l'homme mourrait. C'est exactement ce qui arriva le jour où Adam pécha. Il ne mourut pas physiquement, mais il mourut spirituellement. Il continua à fonctionner biologiquement, mais il était séparé de Dieu, et cela, c'est la mort. Il ne pouvait plus converser avec Dieu comme avant. Il ne pouvait plus jouir de la présence de Dieu comme avant ; il ne pouvait plus comprendre le but total de Dieu pour sa vie, ni accomplir ce but. Il était seulement là : physiquement vivant mais spirituellement mort parce qu'il n'était plus en communication avec Dieu.

III - Tous ont péché

La Bible dit : « *Adam, âgé de cent trente ans, engendra un fils à sa ressemblance, selon son image…* » (Genèse 5:3). Les enfants d'Adam étaient à sa ressemblance et selon son image. Ceci n'était pas l'image pure et parfaite de Dieu d'après laquelle Adam avait été créé. C'était plutôt une image de Dieu tordue, courbée, faussée et ruinée. L'image restait celle de Dieu, mais c'était une image tristement défigurée, sans ressemblance avec l'originale.

Tous les êtres humains, sont descendants d'Adam et naissent ayant en eux cette image et cette ressemblance tordue et déformée de Dieu. Cette image tordue signifie que naturellement ils seront inclinés en direction du péché. Tout comme une plante se tourne en direction de la lumière (phototropisme), l'homme se tourne en direction du péché (péché-tropisme).

Ce n'est pas premièrement parce qu'un homme est menteur, ou fornicateur, ou voleur, etc., qu'il est pécheur. Il est pécheur parce que sa nature, son être tout entier, au plus profond de lui-même, est pécheur. C'est comme s'il y avait une usine de péchés en lui. Même si l'usine ne fabrique pas de péchés parce qu'il n'y a peut-être pas de matière première, l'usine est quand même là, très présente dans chaque être humain. L'homme est pécheur par nature et le fait qu'il pratique le péché est simplement une preuve de sa nature.

Pour ce qui est du cœur pécheur ; il n'y a pas d'exception. La Bible dit : « *L'Éternel vit que la méchanceté des hommes était grande sur la terre, et que toutes les pensées de leur cœur se portaient chaque jour UNIQUEMENT vers le mal* » (Genèse 6:5) ; « *Ils se sont corrompus, ils ont commis des actions abominables ; il n'en est AUCUN qui fasse le bien. L'Éternel, du haut des cieux, regarde les fils de l'homme, pour voir s'il y a quelqu'un qui soit intelligent, qui cherche Dieu. TOUS sont égarés, TOUS sont pervertis, il n'en est AUCUN qui fasse le bien, pas même un seul* » (Psaume 14:1-3) ; « *Nous sommes TOUS comme des impurs, et toute notre justice est comme un vêtement souillé. Nous sommes TOUS flétris comme une feuille, et nos crimes nous emportent comme le vent. Il n'y a PERSONNE qui invoque Ton Nom…* » (Ésaïe 64:6) ; « *Le cœur est tortueux par-dessus TOUT, et il est méchant : qui peut le connaître ?* » (Jérémie 17:9).

Quelqu'un pourrait demander : « Puisque les passages ci-dessus sont tous tirés de l'Ancien Testament, le Nouveau Testament ne donne-t-il pas une image plus positive de l'homme ? » Le Nouveau Testament dit : « *Il n'y a POINT de juste, pas même UN SEUL ; NUL n'est intelligent, NUL ne cherche Dieu ; TOUS sont égarés, TOUS sont pervertis ; il n'en est AUCUN qui fasse le bien, pas même UN SEUL ; leur gosier est un sépulcre ouvert ; ils se servent de leurs langues pour tromper…* » (Romains 3:10-13). « *TOUS ont péché et sont privés de la gloire de Dieu* » (Romains 3:23).

La Bible insiste sur le fait que tous ont péché. Les mots « *TOUS* » et « *AUCUN* » nous montrent ceux qui sont concernés : chacun !! Il n'y a pas une seule exception. Un docteur d'État et un écolier de la Section d'Initiation sont tous les deux pécheurs ; un professeur d'université et l'homme le plus ignorant de la brousse sont tous les deux pécheurs ; l'homme le plus riche et le dernier des mendiants sont tous les deux pécheurs ; un pasteur ou un prêtre et une prostituée sont tous les deux pécheurs ; un Noir et un Blanc sont tous les deux pécheurs. L'homme le plus évolué qui vit au cœur de Paris ou de New York et le plus primitif des hommes vivant par exemple dans les forêts de l'Amazonie en Amérique latine sont tous les deux pécheurs. L'éducation ou la civilisation ne change pas le cœur de l'homme. Quant à notre nature pécheresse, l'éducation procure à l'homme plutôt un moyen de mieux dissimuler le péché et prétendre qu'il est inexistant. L'homme éduqué est un pécheur sophistiqué. Quand un homme primitif vous hait, il vous le fait savoir par ses propos ou par l'expression de son visage. Bien au contraire, l'homme éduqué vous sourira même si son cœur bouillonne de haine. Mais, au fond, les deux cœurs sont pareils.

IV - La pratique du péché

Si chacun de nous avait au-dedans de lui ou d'elle une usine de péché qui ne fonctionnait pas et qui de ce fait ne produisait pas de péchés, la situation serait légèrement différente, et nous serions tentés de nous tromper nous-mêmes et de croire que cette usine n'existe pas du tout. Le fait pourtant est que l'usine fonctionne à plein temps, même si la productivité varie d'une personne à une autre.

Quels sont quelques-uns des produits de cette usine de péché au-dedans de nous ? Il y en a beaucoup, et on peut les diviser en deux catégories. Tout d'abord, il y a ce qui peut être caché au-dedans de nous, et que la plupart des gens ne peuvent pas voir. La racine de tout cela c'est l'indépendance vis-à-vis de Dieu. Dieu est souvent considéré comme un importun. Nous pourrions L'inviter à nous rendre un service lorsque nous sommes malades ou dans le besoin, et peut-être de façon occasionnelle ou régulière, Lui demander de nous accompagner à l'église où nous rencontrons nos amis et où nous passons pour des religieux. Cependant, dans le détail de nos relations avec l'autre sexe ou dans l'emploi de notre argent ou de notre temps, il faut que Dieu Se tienne à distance pour ne pas nous gêner. Ensuite, il y a les péchés commis dans nos pensées ; par exemple, le fait de regarder les gens avec convoitise. Jésus dit : « *Quiconque regarde une femme pour la convoiter a déjà commis un adultère avec elle dans son cœur* » (Matthieu 5:28). Un autre péché secret, c'est la haine. La plupart des gens haïssent une personne ou une autre, et prennent cela à la légère, mais la Bible dit : « *Quiconque hait son frère est un meurtrier, et vous savez qu'aucun meurtrier n'a la vie éternelle demeurant en lui* » (1 Jean 3:15). Et ensuite, il y a le péché principal, qui est de manquer d'aimer Dieu «… *de tout ton cœur, de toute ton âme, de toute ta force, et de toute ta pensée ; et ton prochain comme toi-même* » (Luc 10:27b).

Ensuite, il y a les péchés véritablement ouverts. Ceux-là comprennent «… *toute espèce d'injustice, de méchanceté, de cupidité, de malice ; pleins d'envie, de meurtre, de querelle, de ruse, de malignité ; rapporteurs, médisants, impies, arrogants, hautains, fanfarons, ingénieux au mal, rebelles à leurs parents* » (Romains 1:29-30) ; « *les impudiques, les idolâtres, les adultères, les voleurs, les ivrognes* » (1 Corinthiens 6:9-10) ; « *Les lâches, les incrédules ; les abominables, les meurtriers, les enchanteurs, les idolâtres, et tous les menteurs…* » (Apocalypse 21:8).

Les fiançailles rompues, les amitiés rompues, les mariages rompus, les foyers brisés, les innombrables enfants illégitimes, les maris infidèles, les épouses infidèles ; la corruption à tous les niveaux, le népotisme, la paresse au travail, la destruction d'un bien parce qu'il appartient à l'État ou à une organisation quelconque, la frustration, le suicide, le meurtre, etc. indiquent tous le fait que l'humanité est terriblement malade de péché.

Ce sont là juste quelques-uns des péchés que les gens commettent. Les péchés particuliers varient d'une personne à une autre. Certains sont de grands menteurs, ou des immoraux, ou des voleurs, d'autres sont pleins de jalousie, d'autres encore sont des ivrognes, etc. On n'a pas besoin de commettre tous les péchés cités pour savoir qu'on est pécheur. Un seul péché suffit pour révéler la vraie nature de celui qui le commet ; et la Bible dit : « *Car quiconque observe toute la loi, mais pèche contre un seul commandement, devient coupable de tous* » (Jacques 2:10).

En lisant ce catalogue de péchés et d'attitudes pécheresses, en réfléchissant à ta vie et en regardant à ton cœur, es-tu d'accord avec la Parole de Dieu que toi, en tant qu'individu, tu es pécheur et es privé de la gloire de Dieu ? Si tu n'as jamais commis même un seul péché, Dieu est donc un menteur et le reste de ce livre est inutile pour toi.

V - Le salaire du péché

Le péché d'Adam eut pour conséquence sa séparation d'avec Dieu, qui est la mort. La mort fut le salaire qu'il reçut pour avoir péché. Il en est de même pour tout le monde : « *car le salaire du péché, c'est la mort* » (Romains 6:23). Cela signifie que lorsqu'on pèche, on doit recevoir un salaire, ou un paiement pour son péché. Si tu es employé par le gouvernement ou quelque autre organisation, et que tu travailles fidèlement tout le mois, tu auras raison de t'attendre à un salaire à la fin du mois. Ton employeur aurait tort s'il ne te payait pas et tu aurais raison de te fâcher contre lui.

Le salaire du péché est un salaire à deux volets. Premièrement, c'est la séparation d'avec Dieu. De même qu'Adam était après son péché, l'homme n'a plus une relation convenable avec Dieu. Il ne connaît pas Dieu personnellement et se sent très mal à l'aise en Sa présence. Il est frustré et ne peut pas réaliser son plein potentiel. Pensons à tous les hommes ruinés par l'alcool, la désobéissance et l'égoïsme. Pensons à toutes les filles mises à la porte des écoles parce qu'elles sont enceintes, à ceux qui souffrent de maladies vénériennes, aux foyers ruinés par les disputes, etc. Voilà les premiers acomptes du salaire que le péché procure au pécheur.

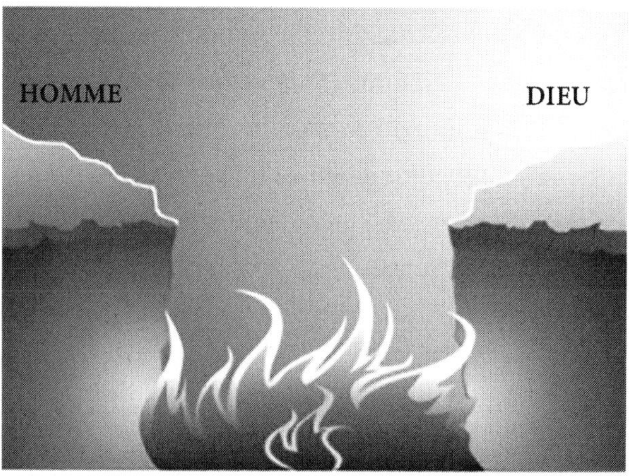

Adam et Dieu furent séparés par un grand gouffre quand Adam pécha. Le péché de l'homme le sépare de Dieu.

Deuxièmement, le salaire que procure le péché est le jugement et le châtiment. La séparation commencée durera toute cette vie et continuera dans toute la vie à venir. Tous ceux qui sont à l'aise dans leur péché et leur séparation d'avec Dieu maintenant, ne le seront plus dans la vie à venir, car tout homme sera jugé, et quelques-uns condamnés : « *Il est réservé aux hommes de mourir une seule fois, après quoi vient le jugement* » (Hébreux 9:27).

En vue du jour du jugement, Dieu est en train d'enregistrer tous les actes de chacun. Tous les péchés que tu commets en pensée, en paroles ou en action sont fidèlement enregistrés en face de ton nom dans le registre céleste comme si c'était un film. Ce film de tes péchés sera projeté sur un écran au jour du jugement, pour être vu par toi et par tout le monde. Les choses commises dans les ténèbres seront alors montrées ouvertement. Rien n'est omis dans l'enregistrement quotidien de tes actions et rien ne manquera d'être projeté pour que toi et tout le monde le voyiez. La condamnation signifie que les pécheurs seront chassés de la présence de Dieu pour l'enfer éternel. La Bible dit : « *Ne savez-vous pas que les injustes n'hériteront point le royaume de Dieu ? Ne vous y trompez pas ; ni les impudiques, ni les idolâtres, ni les adultères, ni les efféminés, ni les infâmes, ni les voleurs, ni les cupides, ni les ivrognes, ni les outrageux, ni les ravisseurs, n'hériteront le royaume de Dieu* » (1 Corinthiens 6:9-10). « *Mais pour les lâches, les incrédules, les abominables, les meurtriers, les impudiques, les enchanteurs, les idolâtres, et tous les menteurs, leur part sera dans l'étang ardent de feu et de soufre, ce qui est la seconde mort* » (Apocalypse 21:8). Le jour du jugement sera le jour de rétribution.

Jésus-Christ sera le Souverain Juge. « *Le Père ne juge personne, mais il a remis tout jugement au Fils* » (Jean 5:22). Les paroles de condamnation de Jésus aux pécheurs non repentants seront : « *Retirez-vous de moi, maudits ; allez dans le feu éternel qui a été préparé pour le diable et pour ses anges* » (Matthieu 25:41). Ces paroles de jugement entreront immédiatement en vigueur, car la Bible dit : « *Et ceux-ci iront au châtiment éternel* » (Matthieu 25:46a).

L'enfer est une réalité qui prendra effet après le jugement final, pas maintenant. Ceux qui choisissent d'y aller en prouveront la réalité par une expérience personnelle inchangeable. L'enfer est décrit onze fois par Jésus dans les évangiles, et Il était sérieux quand Il disait que ce serait « *un feu éternel* » (Matthieu 25:41), le « *châtiment éternel* » (Matthieu 25:46), « *les ténèbres du dehors* » (Matthieu 8:12). L'apôtre Paul dit que ce sera : « *une ruine éternelle* » (2 Thessaloniciens 1:9) ; et l'apôtre Jean dit que ce sera « *un étang ardent de feu et de soufre* » (Apocalypse 19:20).

Tout cela signifie que tu es, que tu le croies ou non, séparé de Dieu et en route pour l'enfer, à moins que tu n'aies entrepris ou que tu n'entreprennes maintenant les démarches nécessaires pour remédier à la situation. L'enfer est le salaire pour ton péché et Dieu S'assurera fidèlement qu'aucune personne qui a péché n'aille sans salaire. Cela n'est que juste. Dieu doit punir le péché, autrement Il agirait contrairement à Sa nature.

VI - Les tentatives humaines d'atteindre Dieu

La réalité de la séparation de l'homme avec Dieu, et de la damnation de ceux qui sont en enfer, a toujours poussé l'homme à essayer de faire quelque chose pour y remédier. Le problème est que l'abîme qui sépare l'homme de Dieu a été créé par Dieu, de sorte que les efforts humains pour le combler sont voués à l'échec. Examinons quelques-unes de ces tentatives humaines faites pour combler cet abîme.

Quelques-uns croient que tout ce qu'on a à faire c'est d'être bon ; d'essayer de maintenir auprès de Dieu, un solde créditeur dans lequel le bien dépasse le mal. Dans ma jeunesse, moi-même je pensais ainsi. Il va de soi que cela n'est pas satisfaisant, car Dieu considère la justice humaine comme un vêtement souillé (Ésaïe 64:5). D'ailleurs, Il considère Sa loi comme un tout, et « *quiconque observe toute la loi, mais pèche contre un seul commandement, devient coupable de tous* » (Jacques 2:10). Par conséquent, celui qui commet un péché et celui qui commet un million de péchés sont tous les deux coupables aux yeux de Dieu. Tous ceux qui croient aux bonnes œuvres sont perdus, quel que soit l'effort déployé pour être bon.

Ce qui se passe lors d'un recrutement de soldats illustre clairement ce qui précède. Supposons que la loi de notre pays exige que seuls les hommes mesurant au moins 1,80 m soient recrutés dans l'armée. Si un homme se présente pour le recrutement et que la toise de l'officier n'indique qu'une taille de 0,90 m, il sera refusé. Évidemment, il en sera de même pour ceux qui mesureront 1,20 m ou 1,50 m. Mais qu'en est-il de celui qui mesure 1,76 m ? Sera-t-il accepté parce qu'il a presque atteint la taille requise ? Non. Lui aussi sera disqualifié. Il a presque rempli les exigences requises, mais pas tout à fait. Lui aussi, sera refusé.

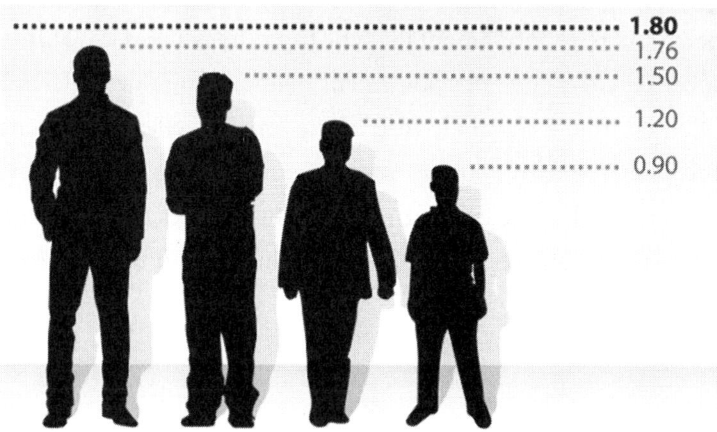

Quoiqu'ils soient de tailles différentes, ils sont néanmoins tous refusés, parce qu'aucun d'eux n'a la taille requise.

D'autres croient que tout ce qui est requis est une forme de religion ; ils en créent donc une, ou bien s'attachent à une qui a été créée par l'homme il y a plusieurs siècles. Ils pourront accomplir les lois de cette religion érigée par l'homme, mais l'abîme qui les sépare de Dieu n'en est pas moins grand.

D'autres encore disent qu'il suffit d'appartenir à une église, d'être baptisé, confirmé, et de participer à la vie de l'église. Ces choses ne sont pas mauvaises en elles-mêmes. Seulement, le problème est qu'elles ne sont pas le bon remède pour la maladie appelée « *péché* ». Si l'on baptise un pécheur non repentant, qu'est-ce que l'on produit ? Un pécheur-baptisé ! Si plus tard le pécheur-baptisé est confirmé, le produit en est un pécheur-baptisé-confirmé, doublement prêt pour l'enfer, parce que les rites chrétiens extérieurs ont été effectués, mais que la personne reste fondamentalement toujours la même. L'abîme subsiste. Ces personnes pourraient peut-être faire des prières à Dieu comme à travers le trou d'une serrure ; elles pourraient Lui glisser quelque argent sous la porte ; mais elles restent séparées de Lui, et leurs offrandes sont refusées, car Dieu ne peut pas accepter les offrandes d'un homme qui n'est lui-même pas accepté.

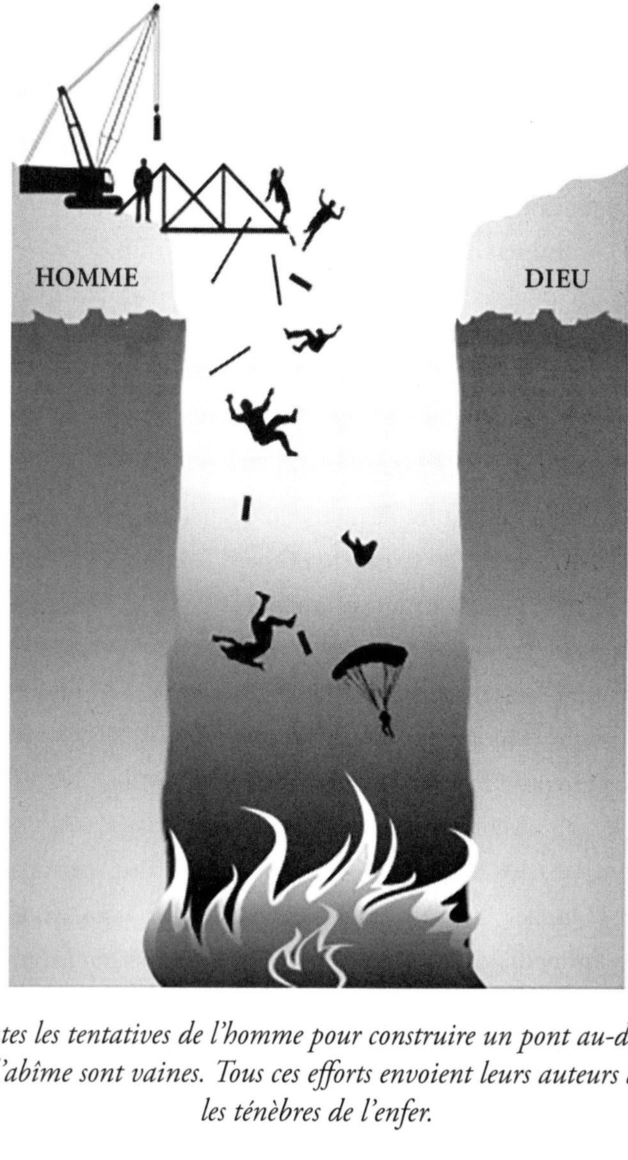

Toutes les tentatives de l'homme pour construire un pont au-dessus de l'abîme sont vaines. Tous ces efforts envoient leurs auteurs dans les ténèbres de l'enfer.

QUESTIONS

1. Que devait faire l'homme pour que sa relation avec Dieu puisse continuer sans barrière ?
2. Cite un commandement que Dieu donna à l'homme au commencement.
3. Combien d'arbres y avait-il dans le jardin ?
4. De quel arbre Adam et Ève ne devaient-ils pas manger ?
5. Avaient-ils obéi ?
6. Qu'est-ce que le péché ? As-tu jamais péché ?
7. Cite trois situations dans ta vie où tu as choisi ta propre voie au lieu de celle de Dieu.
8. Quels étaient les résultats du péché d'Adam ?
9. Comment est-ce que le péché d'Adam affecte toute la race humaine ? Appuie ta réponse par un verset biblique.
10. En lisant ce catalogue de péchés et d'attitudes pécheresses, quels péchés et attitudes pécheresses vois-tu dans ton cœur ? Dans ta vie ?
11. Quel est le salaire que procure le péché ?
    a. Maintenant ?
    b. Dans l'éternité ?
12. Quelles sont quelques-unes des conséquences immédiates du péché que tu as déjà expérimentées dans ta propre vie ?
13. Quelles sont certaines des tentatives humaines d'atteindre Dieu ?
14. Le baptême et la confirmation effectués par certains systèmes religieux peuvent-ils sauver la personne ?

15. Mémorise Romains 3:23.

Chapitre 3

L'amour de Dieu

I - L'amour de Dieu pour le pécheur

Quoique la justice de Dieu exige qu'Il punisse le pécheur éternellement, Son amour pour le pécheur L'a toujours poussé à chercher le pécheur pour le ramener à Lui. La Bible, du début à la fin, proclame cet amour. Les premières paroles que Dieu adressât à Adam et à Ève après la chute dans le péché furent : « *Où êtes-vous ?* » (Genèse 3:9). Ces paroles, Dieu les prononça, non parce qu'Il ne savait pas où ils étaient, mais parce qu'Il voulait les ramener à Lui. Il est un Dieu qui cherche ! Quand ils Lui confessèrent leur nudité, Il leur fit des vêtements en peau de bête (Genèse 3:21). À travers tout l'Ancien Testament, par les prophètes l'un après l'autre, Dieu cherchait à Se révéler à l'homme, à attirer l'homme à Lui et à lui pardonner. Il continue à supporter l'attitude rebelle de l'homme envers Ses invitations à revenir et à recevoir Son pardon. Il a toujours été vrai que « *Le Seigneur ne tarde pas dans l'accomplissement de la promesse, comme quelques-uns le croient ; mais Il use de patience envers vous, ne voulant pas qu'aucun périsse, mais voulant que tous arrivent à la repentance* » (2 Pierre 3:9). « *Je suis vivant ! dit le Seigneur, l'Éternel, ce que Je désire, ce n'est pas que le méchant meure, c'est qu'il change de conduite et qu'il vive. Revenez, revenez de votre mauvaise voie ; et pourquoi mourriez-vous ?* » (Ézéchiel 33:11).

II - L'amour de Dieu révélé en Christ

Personne ne peut vraiment aimer et cependant ne pas donner quelque chose à l'objet de son amour. L'amour de Dieu pour le pécheur n'en est pas resté à un sentiment agréable. Il a été mis en pratique. « *Car Dieu a tant aimé le monde qu'Il a donné Son Fils unique afin que quiconque croit en Lui ne périsse point, mais qu'il ait la vie éternelle* » (Jean 3:16). « *Mais Dieu prouve Son amour envers nous, en ce que, lorsque nous étions encore des pécheurs, Christ est mort pour nous* » (Romains 5:8). « *L'amour de Dieu a été manifesté envers nous en ce que Dieu a envoyé Son Fils unique dans le monde, afin que nous vivions par Lui* » (1 Jean 4:9). Dieu a donné Christ pour mourir pour nous. Il a donné ce qu'Il avait de meilleur. Cela a dû Lui faire très mal de donner Son Fils unique, mais l'amour n'épargne pas ce qu'il a de meilleur.

III - Jésus-Christ et Sa mission

La Bible nous dit que Jésus-Christ est le Fils de Dieu (Galates 2:20). Il est un avec le Père (Jean 10:30). Dieu Lui-même L'a nommé « *Mon Fils bien-aimé, en qui j'ai mis toute mon affection* » (Matthieu 17:5). Avant de venir sur la terre, Jésus avait toujours vécu dans la présence immédiate de Dieu, et toute la gloire et l'honneur des cieux étaient Siens (Jean 17:5). Il a été envoyé par le Père dans le monde. « *Car Dieu a tant aimé le monde qu'Il a donné Son Fils unique, afin que quiconque croit en Lui ne périsse point…* » (Jean 3:16). Il est né miraculeusement dans une famille humaine, et Il a grandi comme n'importe quel autre enfant. À trente ans, Il a commencé l'œuvre de Sa vie : allant partout, prêchant la Bonne Nouvelle et guérissant toutes sortes de maladies. Sa mission était de détruire les œuvres de Satan ; car la Bible dit : « *Ainsi donc, puisque les enfants participent au sang et à la chair, Il y a également participé Lui-même, afin que, par la mort, Il anéantît celui qui a la puissance de la mort, c'est-à-dire le diable* » (Hébreux 2:14) ; « *Le Fils de Dieu a paru afin de détruire les œuvres du diable* » (1 Jean 3:8b). Jésus Lui-même a dit qu'Il avait été envoyé « *pour annoncer une bonne nouvelle aux pauvres, pour guérir ceux qui ont le cœur brisé, pour proclamer aux captifs la délivrance et aux aveugles le recouvrement de la vue, pour renvoyer libres les opprimés, pour publier une année de grâce du Seigneur* » (Luc 4:18-19).

Jésus S'engagea à traiter le problème du péché, le problème de la barrière entre l'homme et Dieu. Ce fut le centre, le but essentiel de Sa mission : « *C'est une parole certaine et entièrement digne d'être reçue, que Jésus-Christ est venu dans le monde pour sauver les pécheurs* » (1 Timothée 1:15). Jésus Lui-même dit : « *Car le Fils de l'homme est venu chercher et sauver ce qui était perdu* » (Luc 19:10) ; « *Je ne suis pas venu appeler des justes, mais des pécheurs* » (Marc 2:17b). Jésus Se consacra tout entier à la tâche de ramener le pécheur dans une relation harmonieuse avec Dieu, telle que celle d'Adam avant son péché, afin que, tel qu'Adam avant la chute, il puisse y avoir une communion parfaite entre l'homme et Dieu.

La mission de Christ était de S'assurer que la relation brisée entre l'homme et Dieu est ramenée à ce qu'elle était avant que le péché n'apparût.

IV - La manière dont Jésus S'y prit

Jésus a accompli Sa puissante œuvre de salut des pécheurs, en mourant sur la croix. Cela était absolument nécessaire, car : « *sans effusion de sang il n'y a pas de pardon* » (Hébreux 9:22). Et Jésus dit : « *Ceci est mon sang... qui est répandu pour plusieurs, pour la rémission des péchés* » (Matthieu 26:28). Il ne fut pas forcé de mourir. Sa mort fut plutôt un choix personnel, car bien avant son arrestation, Il dit : «...*Je donne ma vie, afin de la reprendre. Personne ne me l'ôte, mais Je la donne de moi-même...* » (Jean 10:17-18).

Il mourut à la croix où chaque pécheur aurait dû mourir. Il goûta l'enfer sur la croix, car de la croix Il S'écria : « *Mon*

Dieu, mon Dieu, pourquoi m'as-Tu abandonné ? » (Marc 15:34b). L'enfer sera cet endroit où ceux qui sont perdus éternellement crieront « Mon Dieu, mon Dieu, pourquoi m'as-Tu abandonné ? » pendant des milliards et des milliards d'années, mais ne recevront aucune réponse. Dieu chargea Jésus de tous les péchés présents, passés et futurs de chaque membre de la race humaine, et c'est ainsi qu'Il condamna le péché une fois pour toutes. Sa mort fut réelle. Ce n'était pas un subterfuge. La réalité en fut attestée par les soldats romains qui avaient beaucoup d'expérience en la matière : « *S'étant approchés de Jésus, et Le voyant déjà mort, ils ne Lui rompirent pas les jambes ; mais un des soldats Lui perça le côté avec une lance, et aussitôt il sortit du sang et de l'eau* » (Jean 19:33-34). Après cela, Il fut enseveli.

La mort de Christ pour le péché et pour le pécheur est suffisante pour la libération du pécheur et pour le pardon de son péché. « *Car si le sang des taureaux et des boucs, et la cendre d'une vache, répandue sur ceux qui sont souillés, sanctifient et procurent la pureté de la chair, combien plus le sang de Christ, purifiera-t-il votre conscience des œuvres mortes, afin que vous serviez le Dieu vivant !* » (Hébreux 9:13-14).

La mort du Christ à la croix ne fut pas seulement suffisante ; elle fut finale. Elle ne peut jamais être répétée et ne sera jamais répétée. « *Nous sommes sanctifiés, par l'offrande du corps de Jésus-Christ, une fois pour toutes* » (Hébreux 10:10). « *Il ne reste plus de sacrifice pour les péchés* » (Hébreux 10:26). Jésus lui-même dit : « *J'ai achevé l'œuvre que tu m'as donné à faire* » (Jean 17:4).

Et à la croix Il déclara : « *Tout est accompli* » (Jean 19:30). Le voile qui séparait le lieu très saint du reste du temple se déchira de haut en bas pour prouver que la barrière était complètement enlevée, et pour toujours.

V - Pourquoi Jésus le fit : par amour

Quoique l'homme fût perdu et eût besoin d'être sauvé, et quoique le Père voulût son salut, cela n'obligeait Jésus en rien. Tout ce qu'Il fit fut motivé par l'amour. Comme le Père aima le monde jusqu'à donner Son Fils unique pour le sauver, de même Jésus-Christ le Fils aima le monde au point de Se donner Lui-même pour le sauver.

Dans tout Son enseignement, Ses miracles, Sa vie, Jésus fut l'amour incarné. Il aima les moins aimables, toucha les plus souillés, et Se fit des amis dans les rebuts de la société. Pensons à la femme samaritaine au puits, qui avait été rejetée par cinq maris et en était à son sixième au moment où elle rencontra Jésus-Christ. Chacun de ces hommes la considéra comme une chose qu'on pouvait utiliser et qui, après usage, pouvait être jetée. Mais Jésus vit en elle une personne, l'aima d'un amour immense qui pardonna son péché, et lui donna un nouveau départ et un avenir radieux. Pensons à la femme prise en flagrant délit d'adultère. Ses voisins la condamnaient et voulaient qu'elle mourût, mais Jésus la regarda, l'aima, et la sauva de la mort par lapidation. Son amour pour elle fut si puissant qu'Il la transforma, elle une adultère, en Marie de Magdala la sainte.

Pensons à Zachée le percepteur d'impôts, méprisé et haï par tous pour ses méchantes voies ; cependant Jésus l'aima et lui rendit une visite personnelle, qui conduisit à sa repentance et à sa conversion. Il n'y a aucun pécheur que Jésus n'aime d'une manière toute personnelle. Permettez-moi d'illustrer cela par une expérience personnelle.

Le 24 décembre 1970, alors que j'étais en cycle de doctorat à l'Université de Makéréré à Kampala, je me demandais quelle serait la meilleure façon de passer la veille de Noël. Je décidai plus tard de passer la journée dans la prière, et demandai au Seigneur Jésus de m'envoyer vers des gens qui avaient besoin de connaître le vrai sens de Noël. À dix-neuf heures, ce soir-là, je commençai, dans l'une des rues de Kampala, à parler à qui voulait m'écouter, de l'amour de Jésus. À vingt-trois heures, pendant que je rentrais à la cité universitaire, je m'arrêtai chez Laban Jumba qui avait promis de prier pour moi, pour lui raconter comment tout cela s'était passé. Après une petite causerie avec lui, je rentrai à la hâte, car il se faisait déjà tard. Un gardien de nuit m'arrêta et me demanda mon identité. Je lui dis qui j'étais et ce que je faisais. Puis je lui demandai s'il pouvait me laisser lui parler du Seigneur Jésus. Après avoir obtenu sa permission, je lui parlai brièvement du besoin de l'homme et de l'amour de Dieu tel que révélé dans la vie, la mort et la résurrection de Jésus-Christ. Je lui expliquai ensuite son besoin de se repentir devant Dieu et d'un engagement personnel de sa vie et de son tout à Christ en vue du pardon et de la restauration. Quand il entendit cela, mon ami, que j'appellerai M. X, me demanda : « Jésus peut-il recevoir un misérable pécheur comme moi ? » Puis il se mit à me raconter la triste histoire de sa vie. Voici ce qu'il dit :

« J'étais policier, mais quand je m'aperçus que les soldats gagnaient plus d'argent et avaient bien plus d'avantages que les policiers, je démissionnai de la police et devins soldat. Après un certain temps je me suis mis à penser que le meilleur moyen de vite m'enrichir était de devenir homme d'affaires. Je démissionnai donc de l'armée et montai une affaire. Quand mes affaires marchaient bien, plusieurs femmes entrèrent dans ma vie, et chaque nouvelle femme emporta plus d'argent que la précédente. Finalement, je fis faillite et mon affaire s'écroula. Sans un sou, je décidai de me faire embaucher comme gardien de nuit. »

Puis, il me regarda les larmes aux yeux et me demanda de nouveau : « Jésus peut-il recevoir un misérable pécheur comme moi ? » A ce moment je vis d'une manière toute nouvelle la gloire du Christ dont l'amour est si grand qu'Il accepte et reçoit toutes sortes de pécheurs repentants, quel que soit le degré de leur péché. Avec joie je lui dis que Jésus ne demandait pas mieux que de le recevoir sur-le-champ, s'il était prêt à se repentir et à se tourner vers Lui. Et nous baissâmes la tête pour prier. M. X confessa ses péchés à Dieu, demanda pardon et pria Jésus d'entrer dans sa vie comme son Sauveur et son Seigneur. En se relevant de sa prière il était un homme nouveau, ses péchés étaient annulés et effacés, et sa réconciliation avec Dieu effectuée – tout cela par la grâce de Dieu et non par son propre mérite.

« *Car c'est par la grâce que vous êtes sauvés, par le moyen de la foi. Et cela ne vient pas de vous, c'est le don de Dieu. Ce n'est point par les œuvres, afin que personne ne se glorifie* » (Éphésiens 2:8-9). Je suis resté en relation avec lui et j'ai eu la joie de le voir croître dans sa Vie Nouvelle en Christ.

Jésus est tout amour. Tout ce qu'Il a fait et tout ce qu'Il fait pour le pécheur est motivé par ce grand amour.

VI - Un Christ ressuscité : le sceau de Dieu sur l'œuvre de la croix

Un aspect important de la mort de Jésus sur la croix est la valeur que Dieu lui donne. La valeur de la mort à la croix dépend de ce que Dieu y a vu et y voit. Si Dieu pensait qu'elle était un échec, alors elle était un échec. Si, au contraire, Dieu pensait qu'elle était un grand succès, alors elle était réellement un succès. Dieu en était-Il satisfait ? Oui, Il en était satisfait ! Il manifesta Sa satisfaction en ressuscitant Jésus-Christ des morts le troisième jour. « *Dieu l'a ressuscité…* » (Actes 2:24) ; « *Dieu ressuscita le Seigneur* » (1 Corinthiens 6:14) ; « *Dieu qui l'a ressuscité des morts* » (Colossiens 2:12). Et il y a une tombe vide (Jean 20:1-4) pour en témoigner.

La résurrection de Jésus d'entre les morts par Dieu fut Son sceau d'approbation sur l'œuvre de Christ à la croix. C'était comme si Dieu voulait dire à Christ : « Je suis complètement satisfait de ton travail à la croix en faveur des pécheurs. Je l'approuve. Quiconque viendra à Moi et sur la base de ce que tu as accompli sera accepté. Ressuscite d'entre les morts et viens t'asseoir à Ma droite dans Ma gloire comme tu le faisais avant que tu n'ailles dans le monde. » Ce sceau d'approbation mis par Dieu est irrévocable.

VII - Les bienfaits de la mort et de la résurrection de Christ

La mort de Jésus-Christ sur la croix a accompli un nombre de choses pour le pécheur. Nous allons en considérer juste quelques-unes.

A - La justification

La justification, c'est le fait de rendre innocent un coupable devant un juge. Notre péché nous avait rendus coupables devant Dieu, mais par Sa mort à la croix, Jésus-Christ nous donne la possibilité de nous tenir devant Dieu comme si nous n'avions jamais péché. «*… maintenant… nous sommes justifiés par son sang* » (Romains 5:9). Par la justification, il est donné aux pécheurs la possibilité d'être en paix avec Dieu, car : « *Étant donc justifiés par la foi, nous avons la paix avec Dieu par notre Seigneur Jésus-Christ* » (Romains 5:1).

Un jeune homme commit une très grave offense contre la loi de son pays. On l'amena devant le juge ; il fut jugé et déclaré coupable. Il fut condamné à la peine de mort par pendaison ! Au moment où il allait s'approcher du lieu d'exécution, l'unique fils du juge s'avança et offrit de se mettre à la place du jeune homme. Il fut dépouillé et pendu à la place du jeune homme. Le fils du juge subit la peine et le jeune homme fut justifié. On lui demanda de se retirer comme s'il n'avait jamais commis l'offense. Il était justifié parce qu'un autre avait subi la condamnation à sa place.

Jésus-Christ fit une chose semblable. Nous aussi, comme le jeune homme, avions commis un très grave péché. Dieu, le juste juge, nous avait jugés coupables et nous avait condamnés à passer l'éternité en enfer. Dans Son amour pour nous, Jésus prit notre place et fut pendu à la croix où nous aurions dû être pendus. De cette façon, l'exigence de Dieu selon laquelle le péché doit être puni a été satisfaite ; et maintenant, Il nous déclare libres comme des gens qui n'auraient jamais péché. Voilà la méthode de Dieu pour libérer les hommes pécheurs. C'est un moyen très coûteux, mais Jésus a payé le prix pour nous. « *Et l'Éternel fit retomber sur Lui l'iniquité de nous tous* » (Ésaïe 53:6b). « *Christ aussi a souffert une fois pour les péchés, Lui juste pour les injustes, afin de nous amener à Dieu.* » (1 Pierre 3:18a). « *Celui qui n'a point connu le péché, Il L'a fait devenir péché pour nous, afin que nous devenions en Lui justice de Dieu* » (2 Corinthiens 5:21).

B - La rédemption

La rédemption, c'est la libération, grâce au paiement d'une rançon, d'une personne qui est tenue captive. Le péché fait du pécheur un prisonnier, et il a une peine à subir. En payant la rançon par Sa mort à la croix, Jésus a délivré le pécheur de la peine et de la puissance du péché. « *Christ nous a rachetés de la malédiction de la loi, étant devenu malédiction pour nous…* » (Galates 3:13). « *Jésus-Christ, qui s'est donné lui-même pour nous, afin de nous racheter de toute iniquité…* » (Tite 2:14). « *Ils sont gratuitement justifiés par la grâce, par le moyen de la rédemption qui est en Jésus-Christ* » (Romains 3:24). « *En Lui nous avons la rédemption par Son sang, la rémission des péchés, selon la richesse de Sa grâce* » (Éphésiens 1:7).

Imagine un marché d'esclaves. Il y a des maîtres avec leurs esclaves enchaînés. Ces esclaves vont être vendus dans quelque pays lointain. Ils sont enchaînés et ne peuvent se libérer. Soudain, un homme important arrive au marché, paie le prix de chaque esclave, ôte leurs chaînes et les marques laissées par les chaînes, et les déclare libres. Que c'est merveilleux ! C'est exactement ce que fit Jésus. Nous étions esclaves de Satan et emprisonnés par lui, et nous devions partager avec lui sa demeure, l'enfer. À la croix, Jésus paya le prix de notre libération et maintenant, Il nous déclare libres. L'esclave libéré a besoin d'une nouvelle demeure. Jésus y a également pourvu par Sa mort sur la croix. Il nous a d'abord enlevés du royaume de notre ancien maître, Satan, puis Il nous a placés dans un royaume entièrement nouveau, qui est le Sien. « *(Dieu) qui nous a délivrés de la puissance des ténèbres et nous a transportés dans le royaume du Fils de Son amour, en qui nous avons la rédemption, la rémission des péchés* » (Colossiens 1:13-14).

On raconte l'histoire d'un jeune homme qui tomba dans un trou. Beaucoup de gens passèrent par là et pour leur sécurité, se tinrent à une bonne distance du trou. De là, ils se mirent à sympathiser avec lui. Quelques-uns lui firent des suggestions sur la manière par laquelle il pourrait sortir du trou. L'un d'eux lui dit : « *Crois qu'il y a un Dieu unique et tu seras hors du trou.* » L'homme dans le trou répondit qu'il n'avait jamais douté du fait qu'il y avait un seul Dieu. Et il ajouta qu'il y croyait fermement. Pourtant cela ne le sortit pas du trou. Un autre lui dit que tout ce qu'il lui fallait pour sortir du trou c'était de jeûner souvent et de prier plusieurs fois par jour. Il essaya de prier, et, puisqu'il n'y avait rien à manger dans le trou, jeûner ne lui posa pas de problème. Mais cela ne le sortit pas du trou non plus. Le troisième lui suggéra que ce dont il avait besoin était d'aller au culte d'une église d'une certaine dénomination et de payer toutes ses cotisations, et tout irait pour le mieux. Il répondit qu'en réalité il était membre de cette église même, et qu'il s'acquittait de toutes ses redevances fidèlement, mais que, comme il était au fond du trou, il lui fallait d'abord en sortir pour pouvoir participer aux cultes et mettre à jour ses cotisations. Le suivant lui demanda : « Es-tu sûr que tu es baptisé et confirmé ? Cela est de la plus grande importance si tu veux sortir du trou. » Il répondit qu'il était bien baptisé et confirmé, qu'il s'appelait Jean, et qu'avant de tomber dans le trou il prenait régulièrement la Sainte Cène. Tout frustré, il ajouta : « Mais tout cela n'a pas l'air de pouvoir me faire sortir de ce trou. » Enfin arriva quelqu'un à l'allure noble. Il s'approcha du trou et vit la triste condition de l'homme déchu. Il ôta ses beaux vêtements et mit des haillons, puis il entra dans le trou et en sortit le misérable. En le secourant, il se blessa et son sang coula. Hors du trou, il lui ôta ses vêtements sales et le revêtit de ses propres vêtements magnifiques en disant : « Je peux m'en procurer d'autres. »

Jésus fit exactement cela. Nous étions tous tombés dans le « trou du péché. » Toutes les tentatives humaines, philosophiques et religieuses pour nous en sortir avaient échoué. Voyant notre impuissance, Jésus entra tout à fait dans notre situation. Il se dépouilla Lui-même de toute Sa gloire céleste et revêtit notre humanité pour pouvoir nous sortir de notre misère pécheresse et nous revêtir de Sa gloire.

Le besoin d'une expérience personnelle du Seigneur Jésus en tant que Sauveur personnel ressort d'autre part du témoignage suivant, celui d'une jeune dame. Elle dit : « J'étais née dans une famille religieuse, d'un père qui était pasteur. Enfant, je fus baptisée ; adolescente, je fus confirmée. Je fréquentais fidèlement l'école du dimanche et je n'avais rien contre Dieu ou contre Jésus-Christ. J'aimais même Dieu d'une certaine façon, bien que ne le connaissant pas. Durant mes années d'études au lycée, j'étais un membre actif du « Mouvement Chrétien des Étudiants » et maintenais un standard élevé de moralité. Après mes études, je devins membre régulier de l'église et fis même partie de la chorale et du groupe de jeunes, qui m'élut dans son comité. Ce groupe avait plusieurs activités dont les visites aux malades dans les hôpitaux, et aux prisonniers ; j'y prenais activement part. Aller à l'église était devenu pour moi un tel acte de dévotion que si, pour une raison ou une autre, je ne pouvais participer à un culte, j'en étais malade. Même après avoir dansé toute une nuit, jusqu'aux petites heures du dimanche matin, je m'arrangeais toujours à aller à l'église, qu'importe si parfois je devais sommeiller pendant la plus grande partie du culte. Engagée et zélée dans les choses chrétiennes comme je l'étais, mais ne sachant pas qu'il y avait quelque chose de plus dans la vie chrétienne, je me prenais pour une très bonne chrétienne. Quelques-uns de mes amis pensaient même que j'exagérais dans mon zèle religieux. Cet état de choses dura jusqu'au moment où je quittai mon pays pour étudier à l'étranger. Là-bas, je me joignis, comme d'habitude, à l'Union Chrétienne. Cependant, je m'étonnais de ce que les chrétiens de cette union parlaient et agissaient comme si Jésus était tout pour eux. Ils prétendaient même Le connaître personnellement. J'aurais certainement rejeté leurs prétentions comme étant présomptueuses si leur vie ne m'avait montré qu'ils avaient quelque chose de positif que je ne possédais pas, et qu'ils attribuaient à l'œuvre de Jésus dans leurs vies. Petit à petit, on me montra la nécessité d'une relation personnelle avec Jésus-Christ. Je me repentis alors de tous les péchés commis contre Dieu et contre les hommes, dont je pouvais me rappeler. Puis, je consacrai mon cœur et ma vie à Jésus-Christ et Le priai de venir vivre en moi. Il vint effectivement dans mon cœur et dans ma vie, et dès lors, ma vie et mes activités chrétiennes prirent une tout autre dimension. Elles sortaient maintenant d'un débordement de ma vie nouvelle en Jésus-Christ. Il y a neuf ans que j'ai fait cette expérience d'un Christ me donnant la vie et je continue à me réjouir en Lui, mon Sauveur et Seigneur. »

C - La réconciliation

La réconciliation est le fait de rétablir la paix entre des ennemis. À cause de notre péché, nous étions des ennemis de Dieu, mais la mort de Jésus à la croix a guéri cette inimitié. La Bible dit : « *Car, lorsque nous étions encore sans force, Christ, au temps marqué, est mort pour des impies. À peine mourrait-on pour un juste ; quelqu'un peut-être mourrait-il pour un homme de bien. Mais Dieu prouve Son amour envers nous, en ce que, lorsque nous étions encore des pécheurs, Christ est mort pour nous* » (Romains 5:6-8) ; « *Car si, lorsque nous étions ennemis, nous avons été réconciliés avec Dieu par la mort de Son Fils…* » (Romains 5:10) ; « *Car Dieu était en Christ, réconciliant le monde avec Lui-même…* » (2 Corinthiens 5:19) ; « *Mais maintenant en Jésus-Christ, vous qui étiez jadis éloignés, vous avez été rapprochés par le sang de Christ* » (Éphésiens 2:13) : « *Car par Lui nous avons les uns et les autres accès auprès du Père, dans un même Esprit* » (Éphésiens 2:18).

L'abîme entre l'homme et Dieu est comblé par la croix

D - L'adoption

L'esclave libéré n'a pas seulement besoin d'une nouvelle demeure. Il a besoin d'un nouveau statut. La mort de Jésus-Christ à la croix y a aussi pourvu. Ce processus est appelé l'adoption. C'est le processus par lequel on confère les pleins droits d'enfant et de fils à quelqu'un qui n'est pas fils par naissance. «… *lorsque nous étions enfants, nous étions sous l'esclavage des rudiments du monde ; mais, lorsque les temps ont été accomplis, Dieu a envoyé Son Fils…, afin qu'il rachetât ceux qui étaient sous la loi, afin que nous reçussions l'adoption. Et parce que vous êtes fils, Dieu a envoyé dans nos cœurs l'Esprit de son Fils, lequel crie : Abba ! Père !* » (Galates 4:3-6). « *Et vous n'avez point reçu un esprit de servitude…, mais vous avez reçu un Esprit d'adoption. L'Esprit Lui-même rend témoignage à notre esprit que nous sommes enfants de Dieu. Or, si nous sommes enfants, nous sommes aussi héritiers : héritiers de Dieu, et cohéritiers de Christ* » (Romains 8:15-17).

Par la mort de Christ à la croix, la possibilité de devenir enfant de Dieu est ouverte à tout le monde en général, et à toi en particulier. Tu peux vraiment devenir un enfant de Dieu et jouir de tous les droits de fils, même jusqu'à partager le trône de Dieu avec Christ, le Fils unique de Dieu. « *Mais à tous ceux qui l'ont reçue, à ceux qui croient en son nom, elle (la lumière du monde, Jésus) a donné le pouvoir de devenir enfants de Dieu* » (Jean 1:12).

QUESTIONS

1. Quelle est la volonté de Dieu pour chaque pécheur ?
2. Comment Dieu a-t-Il manifesté Son amour pour le pécheur ?
3. Donne deux raisons pour lesquelles Jésus est venu dans le monde. Utilise des versets bibliques dans ta réponse.
4. Comment Jésus a-t-Il accompli Son œuvre de salut des pécheurs ?
5. Christ était-Il forcé de mourir ?
6. Connais-tu une personne particulière pour qui Christ est mort sur la croix ?
7. Donne un verset biblique qui dit que le sacrifice de Christ sur la croix était final et que dès lors aucun autre sacrifice n'est plus nécessaire.
8. Puisque Jésus n'était pas forcé de mourir, qu'est-ce qui L'a poussé à mourir sur la croix pour le salut des pécheurs ?
9. Y a-t-il un qui a tellement péché que Jésus ne voudrait pas le recevoir ?
10. Qu'est-ce que Dieu a fait pour montrer qu'Il était satisfait par l'œuvre de Christ sur la croix ?
11. Dis en tes propres mots ce qu'est la justification.
12. Comment sommes-nous justifiés ?
13. Qu'est-ce que la rédemption ? Qu'est-ce que Christ fait pour racheter le pécheur ?
14. Regarde encore l'histoire du jeune homme qui était tombé dans un trou. Cinq personnes avaient essayé de

l'aider à en sortir. Laquelle de ces personnes représente Jésus ? Explique.

15. Qu'est-ce que la réconciliation ? Pourquoi as-tu besoin en tant que pécheur d'être réconcilié à Dieu ?
16. Qu'est-ce que l'adoption ? Est-il possible à un pécheur de devenir enfant de Dieu ? Comment ?
17. Mémorise Jean 3:16 et Ésaïe 53:6.

Chapitre 4

Dieu te pardonne

I - Ce que tu dois faire

En Christ, Dieu a fait tout ce qui est nécessaire pour que le pécheur puisse être pardonné. La seule chose qui reste, c'est la réponse du pécheur. Cela est très important, car le pardon de Dieu, basé sur la mort et la résurrection de Christ, n'est effectif que pour ceux qui y répondent. Tu dois y répondre, premièrement, parce que tu ne veux pas prendre à la légère tout ce que Jésus a fait pour toi. Tu veux être reconnaissant. Deuxièmement, parce que tu as besoin de pardon pour tous les péchés que tu as commis, et que tu veux que la peine de tes péchés te soit remise. Troisièmement, parce que tu as besoin de Christ pour mener la vie que Dieu veut de toi.

Il y a certaines choses que tu dois faire pour être pardonné :

ADMETS que tu es un pécheur. Dis à Dieu que tu as personnellement péché par tes actes, par tes paroles et par tes pensées. Dis-Lui tous les péchés que tu sais avoir commis contre Lui et contre qui que ce soit. Sois spécifique : si tu as volé, dis-Lui ce que tu as volé et de qui tu l'as volé ; si tu as été immoral, dis-Lui avec qui tu as commis l'immoralité ; si tu as menti, dis-Lui tous les mensonges dont tu te souviens. Prends tout ton temps pour cela, même si cela dure des heures. N'omets pas un seul péché dont tu te souviens, n'essaie pas d'en cacher quelques-uns, car : « *Celui qui cache ses transgressions ne prospère point, mais celui qui les avoue et les délaisse obtient miséricorde* » (Proverbes 28:13). Dis à Dieu que tu regrettes tes péchés, et demande-Lui de te pardonner. « *La tristesse selon Dieu produit une repentance à salut dont on ne se repent jamais, tandis que la tristesse du monde produit la mort* » (2 Corinthiens 7:10).

Si tu regrettes sincèrement tes péchés, tu prendras la décision de les abandonner, de cesser de pécher. « *Que le méchant abandonne ses voies, et l'homme d'iniquité ses pensées ; qu'il retourne à l'Éternel, qui aura pitié de lui, à notre Dieu, qui ne Se lasse pas de pardonner* » (Ésaïe 55:7). Tu auras peut-être à rendre ce que tu as volé, ou tout au moins à confesser aux gens en question que tu as dérobé leurs effets. Tu auras à régler certains des désordres causés par ta vie passée. Cela coûtera cher et pourrait te faire paraître très petit aux yeux de certains, mais, fais-le quand même. Jésus te donnera une nouvelle réputation et, après tout, ce qui est le plus important, c'est l'opinion de Dieu à ton sujet et non celle des hommes.

CROIS que Christ est mort pour toi. Cela veut dire que, de tout ton cœur, de toute ta pensée, tu crois que Jésus-Christ est réellement mort à la croix pour le monde entier, et pour TOI en tant qu'individu. En croyant cela, tu déclares que tous les efforts pour aller au ciel en faisant de bonnes œuvres et en gardant les commandements sont vains, « *Car nul ne sera* *justifié devant Lui par les œuvres de la loi…* » (Romains 3:20). En croyant que Christ est mort pour toi, tu déclares aussi qu'Il est le Seul qui peut pardonner les péchés et te restaurer dans une relation correcte avec Dieu, et que toute autre personne ou système qui prétend en faire autant est complètement dans l'erreur et terriblement faux. « *Il n'y a de salut en aucun autre ; car il n'y a sous le ciel aucun autre nom qui ait été donné parmi les hommes, par lequel nous devions être sauvés* » (Actes 4:12) ; « *Car il y a un seul Dieu, et aussi un seul médiateur entre Dieu et les hommes, Jésus-Christ homme* » (1 Timothée 2:5-6a). Jésus Lui-même dit : « *Je suis le chemin, la vérité et la vie. Nul ne vient au Père que par moi* » (Jean 14:6). Enfin, en croyant que Jésus est mort pour toi, tu es dans l'obligation de vivre pour Lui. La Bible dit : « *Il est mort pour tous, afin que ceux qui vivent ne vivent plus pour eux-mêmes, mais pour Celui qui est mort et revenu à la vie pour eux* » (2 Corinthiens 5:15). Cela signifie que tu es prêt à t'abandonner à Lui complètement, ne retenant rien, parce que Lui non plus n'a rien retenu, mais S'est donné entièrement pour toi sur la croix. Pense à cela sérieusement et évalues-en le prix.

VIENS A LUI et fais de Lui ton Sauveur et Maître. Il est mort pour toi, puis Il est ressuscité. Accepte Sa mort et Sa résurrection maintenant. Reçois-Le ! « *Mais à tous ceux qui l'ont reçue…, elle a donné le pouvoir de devenir enfants de Dieu* » (Jean 1:12). Jésus-Christ dit : « *Voici, Je me tiens à la porte, et Je frappe. Si quelqu'un entend Ma voix et ouvre la porte, J'entrerai chez lui…* » (Apocalypse 3:20). Il frappe à ta porte. Tout ce que tu lis dans ce livre est Son message pour toi. Il désire te voir ouvrir la porte de ton cœur et de ta vie pour Le recevoir. Il est en train de frapper maintenant même.

II - C'est le moment d'agir

Ne remets pas à plus tard ta décision de Le recevoir. Agis maintenant. C'est urgent. « *Voici maintenant le temps favorable, voici maintenant le jour du salut* » (2 Corinthiens 6:2). « *Aujourd'hui, si vous entendez Sa voix, n'endurcissez pas vos cœurs…* » (Hébreux 3:15). L'invitation est urgente. Jésus attend et dit : « *Venez à moi…, et je vous donnerai du repos* » (Matthieu 11:28). Ne remets pas ta décision au soir ou au lendemain. Il y a un certain nombre de raisons qui prouvent que remettre sa décision à plus tard n'est pas sage. La première raison est que Dieu a dit « AUJOURD'HUI. » Si tu dis « demain, » soit tu es en train de dire que Dieu Se trompe, soit tu agis en insensé. La deuxième raison, est que Dieu pourrait t'abandonner. Dieu abandonne ceux qui connaissent la vérité mais ne veulent pas la suivre (Romains 1:18-20), et Il endurcit le cœur de ceux qui les premiers endurcissent leurs cœurs envers Lui. La troisième, c'est que la mort pourrait te surprendre. Tu n'es ni trop jeune ni trop vieux pour mourir. La mort peut te surprendre. Es-tu prêt à rencontrer Dieu tel que tu es ? Reporter ta décision, c'est Le rejeter. Agis donc maintenant !!!

III - Recevoir Christ

Tu peux Le recevoir en Lui disant tout simplement en prière de venir dans ton cœur et dans ta vie. Je te suggère de dire la prière ci-dessous pour inviter Jésus dans ta vie maintenant. Fais la prière suivante, et Jésus viendra dans ton cœur :

« Seigneur Jésus, Moi (M., Mlle., Mme., Dr., Rév., El Hadj...), j'ai personnellement péché contre Toi dans mes pensées, mes paroles et mes actes. Il n'y a rien que je puisse faire de moi-même pour ôter mon péché. Je mérite d'aller en enfer. Mais Tu es mort pour qu'un pécheur désemparé comme moi puisse être pardonné. Je m'abandonne complètement à Toi sans rien retenir. Enlève tous mes péchés et viens demeurer dans mon cœur par Ton Esprit Saint comme mon propre Sauveur et Seigneur, et fais de ma vie ce que Tu veux. Je Te suivrai à n'importe quel prix. Merci d'exaucer ma prière et de venir dans mon cœur. Amen. »

Si tu as fait sincèrement cette prière, ou ta propre prière, Jésus est tout de suite venu demeurer dans ton cœur par Son Saint-Esprit ; les choses suivantes, et bien d'autres, se réaliseront immédiatement dans ta vie.

QUESTIONS

1. Puisque Christ est mort sur la croix pour tous les pécheurs, tous les pécheurs sont-ils donc automatiquement pardonnés, sauvés ?
2. Explique simplement les quatre choses qu'un pécheur doit faire pour être pardonné.
3. Veux-tu être pardonné ?
4. As-tu décidé de mettre fin au péché dans ta vie ?
5. As-tu fait ce qu'Il faut faire pour obtenir le pardon de Dieu ?
6. Donne une raison très importante pour laquelle tu ne dois pas remettre à plus tard ta décision de recevoir le pardon de Dieu, une raison pour laquelle tu dois recevoir Christ aujourd'hui.
7. Comment est-ce qu'un pécheur peut recevoir Christ ? As-tu personnellement reçu Christ ?
8. Mémorise Jean 1:12.

Chapitre 5

Parce que tu as été pardonné

Maintenant Dieu t'a pardonné. Il a complètement ôté tes péchés. Il dit : « *Si nous confessons nos péchés, Il est fidèle et juste pour nous les pardonner, et pour nous purifier de TOUTE iniquité* » (1 Jean 1:9). C'est précisément ce qu'Il a fait pour toi qui viens de Le recevoir. Il n'a pas seulement pardonné. Il a oublié ! Quel Dieu merveilleux ! Il dit : « *Et Je ne me souviendrai PLUS de leurs péchés ni de leurs iniquités* » (Hébreux 10:17), et encore : « *Tu jetteras au fond de la mer TOUS leurs péchés* » (Michée 7:19) ; Il n'y a plus de condamnation pour toi (Romains 8:1). Ton registre de péchés est annulé sur-le-champ et le film de ta vie définitivement détruit. Tu es maintenant l'objet de l'amour spécial et de la faveur de Dieu. Ne t'appuie pas sur tes sentiments, mais sur les promesses de Dieu qui ne peut pas mentir. « *Dieu n'est pas un homme pour mentir* » (Nombres 23:19). Si dans l'avenir tu commets un péché quelconque, va immédiatement à ton Sauveur qui vit en toi et demande-Lui pardon. Tu es maintenant Son enfant. Il ne Se fatiguera jamais de te pardonner. Mais ne pèche pas exprès.

I - La vie éternelle

Parce que tu es pardonné, tu as la vie éternelle. Elle a en effet commencé pour toi et continuera au ciel. L'apôtre Jean écrit à ce sujet et dit : « *Et voici ce témoignage, c'est que Dieu nous a donné la vie éternelle, et que cette vie est dans Son Fils. Celui qui a le Fils a la vie. Celui qui n'a pas le Fils de Dieu n'a pas la vie. Je vous ai écrit ces choses, afin que vous SACHIEZ que vous avez la vie éternelle, vous qui croyez au nom du Fils de Dieu* » (1 Jean 5:11-13). Jésus aussi a dit : « *Mes brebis entendent Ma voix ; Je les connais, et elles Me suivent. Je leur donne la vie éternelle ; et elles ne périront jamais, et personne ne les ravira de Ma main* » (Jean 10:27-28). « *Car le salaire du péché, c'est la mort ; mais le don gratuit de Dieu, c'est la vie éternelle en Jésus-Christ notre Seigneur* » (Romains 6:23).

II - Une sécurité éternelle

Parce que tu es pardonné, tu ne perdras pas ton salut. Le pardon de Dieu n'est pas pour quelques secondes, jours ou années. Il dure à toujours. Tu es né par la nouvelle naissance dans la famille de Dieu, et tu n'en seras pas rejeté. Dieu protégera la vie qu'Il t'a donnée, et la fera croître et fleurir ; et Il la gardera sauve. Jésus dit : « *Mes brebis entendent ma voix ; Je les connais, et elles Me suivent. Je leur donne la vie éternelle ; et elles ne périront jamais, et PERSONNE ne les ravira de Ma main. Mon Père, qui Me les a données, est plus grand que tous ; et PERSONNE ne peut les ravir de la main de Mon Père. Moi et le Père nous sommes un* »

(Jean 10:27-30). Tu as donc une triple sécurité : le Saint-Esprit en toi, la main de Jésus autour de toi, et la main de Dieu le Père autour de celle de Jésus. Quelle sécurité ! Continue à écouter Sa voix, continue à Le suivre, et la vie éternelle est garantie pour toi. N'abuse pas de cette garantie en retournant dans tes voies pécheresses. Tu es devenu une nouvelle créature en Christ. Que ta manière de vivre le reflète.

Récemment, j'ai acheté une voiture. Le jeune homme qui m'accompagnait au bureau d'immatriculation me demanda de falsifier le prix auquel je l'avais achetée pour pouvoir payer moins de frais d'immatriculation. Je lui répondis que pareil acte était mauvais. Il répondit que je ne tromperais personne, excepté le gouvernement, mais que tout le monde trompait le gouvernement quand cela pouvait se faire sans risques. Finalement je lui dis que même si tout le monde agissait ainsi, cela n'en faisait pas un acte juste, et que moi, je n'allais pas suivre ce chemin. Alors il me dit : « Vous êtes le plus grand imbécile que j'aie rencontré dans ce pays, un sot qui veut jeter l'argent par la fenêtre. » C'est là un aspect du fait d'être une nouvelle créature en Christ avec une éternelle sécurité, à savoir, être honnête en tout temps, même si cela signifie que nous serons appelés « Les plus grands imbéciles ». Sois prêt à être un *« insensé »* pour Christ. Ses « insensés » sont merveilleux. « *Car la folie de Dieu est plus sage que les hommes, et la faiblesse de Dieu est plus forte que les hommes* » (1 Corinthiens 1:25).

III - La citoyenneté céleste

Parce que tu es pardonné, tu as été transféré du royaume de Satan dans le Royaume de Christ (Colossiens 1:14). Tu es maintenant un citoyen des cieux (Hébreux 13:14). Tu te demandes peut-être comment une personne aussi indigne que toi peut recevoir un plein droit de cité dans le ciel. Tu peux penser ne pas le mériter. Tu as raison de constater ton indignité et de penser que tu ne le mérites pas ; cependant, ton état actuel en tant que pécheur pardonné fait de toi un citoyen du ciel. Je vais l'illustrer par une histoire vraie.

Il y a bien des années, durant l'ère coloniale, quand tout Blanc était un dignitaire, un important match de football, devait se dérouler à Kampala. Toutes les personnalités y étaient invitées. Un missionnaire, considéré comme un dignitaire Blanc, reçut un billet spécial pour ce match. Mais étant très occupé, il donna son billet à un de ses maîtres d'école primaire pour qu'il y aille à sa place. Quand le maître arriva au stade, au vu de sa modeste apparence, on lui demanda de s'en aller. Quand il insista, disant qu'il avait un billet, on lui demanda de se rendre à la tribune populaire où se tenaient ceux qui avaient les billets les moins chers. Pendant qu'il se dirigeait vers cette tribune, il rencontra un autre policier qui ne regarda pas ses habits mais son billet. Réalisant que c'était un billet spécial il lui dit : « Votre place est là-bas sur cette tribune confortable. Votre billet l'indique. » Ainsi, cet homme d'apparence modeste se rendit à cette tribune. Et quand il présenta son billet au policier de service, on lui demanda de gravir les gradins, jusqu'au haut de la tribune, où il se trouva placé à côté du fameux roi de Bouganda et du Gouverneur de l'Ouganda. De par lui-même, il ne méritait rien, mais grâce au billet qu'il reçut, sans l'avoir mérité, il put occuper une place du plus grand honneur.

Au moment où tu reçois Jésus-Christ comme ton Sauveur personnel, quoique tu ne mérites rien par toi-même, Dieu te confère une grandeur spirituelle. Il te donne gratuitement la citoyenneté céleste, fait de toi Son ambassadeur sur terre avec un statut diplomatique particulier, avec des tâches spéciales, et à la mort te donne un billet pour tous les banquets du ciel. Tous ces honneurs sont tiens à cause de ta relation spéciale avec Jésus-Christ.

IV - Dis-le aux autres

Jésus disait à ceux qu'Il guérissait d'aller chez eux et de raconter à d'autres ce que Dieu leur avait fait : « *Va dans ta maison, vers les tiens, et raconte-leur tout ce que le Seigneur t'a fait, et comment il a eu pitié de toi* » (Marc 5:19). On Lui obéissait, car dans un cas, il nous est dit que l'homme guéri « … *S'en alla, et se mit à publier dans la Décapole tout ce que Jésus avait fait pour lui. Et tous furent dans l'étonnement* » (Marc 5:20). Toi aussi, tu as été guéri de la maladie du péché et pardonné par Dieu. Puisque tu es maintenant pardonné, va et raconte-le à d'autres, aux membres de ta famille, à tes amis, à tout le monde. COMMENCE AUJOURD'HUI. Quelques-uns se moqueront de toi, d'autres te persécuteront, mais toi, continue. Après tout, ils ont fait autant à ton Sauveur ; et ce qu'ils ont fait au Maître, ils le feront au serviteur. Qu'ils constatent par ta manière de parler et d'agir que ce que tu dis est vrai.

V - Prie chaque jour

Parce que tu es maintenant pardonné, parce que tu es devenu un enfant de Dieu, tu peux parler directement à Dieu. Il est maintenant ton Père. Il n'y a plus de barrière entre toi et Lui. Mets à part un moment de la journée spécialement pour Lui parler, Lui disant combien tu L'aimes, et combien tu Lui es reconnaissant de t'avoir sauvé. Demande-Lui tout ce dont tu as besoin et fais-Lui connaître les besoins de ta famille, de tes amis et de tes ennemis. Sois très libre avec Lui et dis-Lui tout et n'importe quoi. Il dit : « *En vérité, en vérité, Je vous le dis, ce que vous demanderez au Père, Il vous le donnera en Mon nom* » (Jean 16:23). Parfois, garde simplement silence devant Lui et Il parlera à ton cœur. Tu peux aussi Lui parler n'importe où et n'importe quand : dans le bus, au champ, au lit, le matin, à midi, à minuit… Il ne se fatiguera jamais de t'écouter. Il aime quand tu Lui parles. Cela Lui plaît.

VI - Lis la Bible chaque jour

La Bible, c'est la Parole que Dieu t'adresse. Parce que tu es pardonné, lis-la dans un esprit de prière chaque jour. Mets également un temps à part pour cela, peut-être juste avant ou juste après ton moment spécial de prière. Commence par l'Évangile selon Saint Jean, et lis-le du début à la fin. Avance aussi vite que possible et lis le Nouveau Testament deux fois dans les six mois qui suivent. Prends un carnet et note ce que Dieu te dit et les versets bibliques que tu as appris par cœur. La Bible te gardera de pécher, mais le péché, de son côté, voudra t'empêcher de lire la Bible. Ne cède pas à Satan, mais résiste-lui et il fuira loin de toi (Jacques 4:7-8).

VII - Enfin

Enfin, persévère avec le Seigneur à n'importe quel prix. Même si tu es persécuté, n'abandonne pas. Souviens-toi qu'il « *vous a été fait la grâce, par rapport à Christ, non seulement de croire en Lui, mais encore de souffrir pour Lui* » (Philippiens 1:29). Cette souffrance sera récompensée. Jésus prépare pour toi une merveilleuse place dans les cieux, et, comme récompense pour ta fidélité, tu seras assis avec Lui sur le trône.

QUESTIONS

1. Tes péchés sont-ils pardonnés ? Appuie ta réponse avec des versets bibliques.
2. Qu'est-ce que la vie éternelle ?
3. As-tu la vie éternelle ? Comment le sais-tu ? (Verset biblique).
4. Quand la vie éternelle a-t-elle commencé en toi ?
5. Comment un citoyen d'un quelconque pays de ce monde peut-il aussi devenir citoyen céleste ?
6. Cite une responsabilité de quelqu'un dont les péchés sont pardonnés.
7. Cite deux choses que tu dois faire pour fortifier ta nouvelle vie.
8. Mémorise 1 Jean 5:1-13.

Très important

Si tu n'as pas encore reçu Jésus comme ton Seigneur et Sauveur, je t'encourage à Le recevoir. Pour t'aider, tu trouveras ci-dessous quelques étapes à suivre :

ADMETS que tu es un pécheur de nature et par habitude, et que par ton effort personnel, tu n'as aucun espoir d'être sauvé. Dis à Dieu que tu as personnellement péché contre Lui en pensées, en paroles et en actes. Dans une prière sincère, confesse-Lui tes péchés l'un après l'autre. N'omets aucun péché dont tu te souviennes. Détourne-toi sincèrement de tes péchés et abandonne-les. Si tu volais, ne vole plus. Si tu commettais l'adultère ou la fornication, ne le fais plus. Dieu ne te pardonnera pas si tu n'as pas le désir de renoncer radicalement au péché dans tous les aspects de ta vie. Mais si tu es sincère, Il te donnera la force de renoncer au péché.

CROIS que Jésus-Christ qui est le Fils de Dieu, est l'unique Chemin, l'unique Vérité, et l'unique Vie. Jésus a dit : « *Je suis le chemin, la vérité et la vie. Nul ne vient au Père que par moi* » (Jean 14 :6). La Bible dit : « *Car il y a un seul Dieu, et aussi un seul médiateur entre Dieu et les hommes, Jésus-Christ homme, qui s'est donné lui-même en rançon pour tous* » (1 Timothée 2 :5-6). « *Il n'y a de salut en aucun autre ; car il n'y a sous le ciel aucun autre nom qui ait été donné parmi les hommes, par lequel nous devions être sauvés* » (Actes 4 :12). « *À tous ceux qui l'ont reçu, à* *ceux qui croient en son nom, elle a donné le pouvoir de devenir enfants de Dieu [...]* » (Jean 1 :12). Mais,

CONSIDÈRE le prix à payer pour Le suivre. Jésus a dit que tous ceux qui veulent Le suivre doivent renoncer à eux-mêmes. Cela implique la renonciation aux intérêts égoïstes, qu'ils soient financiers, sociaux ou autres. Il veut aussi que Ses disciples prennent leur croix et Le suivent. Es-tu prêt à abandonner chaque jour tes intérêts personnels pour ceux de Christ ? Es-tu prêt à te laisser conduire dans une nouvelle direction par Lui ? Es-tu disposé à souffrir et même à mourir pour Lui si c'était nécessaire ? Jésus n'aura rien à faire avec des gens qui s'engagent à moitié. Il exige un engagement total. Il ne pardonne qu'à ceux qui sont prêts à Le suivre À N'IMPORTE QUEL PRIX, et ce sont eux qu'Il reçoit. Réfléchis-y et considère ce que cela te coûte de Le suivre. Si tu es décidé à Le suivre à tout prix, alors il y a quelque chose que tu dois faire.

INVITE Jésus à entrer dans ton cœur et dans ta vie. Il dit : « *Voici, je me tiens à la porte et je frappe ; si quelqu'un entend ma voix et ouvre la porte [de son cœur et de sa vie], j'entrerai chez lui, je souperai avec lui, et lui avec moi* » (Apocalypse 3 :20). Ne voudrais-tu pas faire une prière comme la suivante ou une prière personnelle selon l'inspiration du Saint-Esprit ?

« Seigneur Jésus, je suis un pécheur misérable et perdu, j'ai péché en pensées, en paroles et en actes. Pardonne-moi tous mes péchés et purifie-moi. Reçois-moi, ô Sauveur, et fais de moi un enfant de Dieu. Viens dans mon cœur et donne-moi la vie éternelle maintenant même. Je te suivrai à n'importe quel prix, comptant sur Ton Saint-Esprit pour me donner toute la force dont j'ai besoin. »

Si tu as fait cette prière sincèrement, Jésus t'a exaucé, t'a justifié devant Dieu et a fait de toi à l'instant même, un enfant de Dieu.

S'il te plaît écris-moi afin que je puisse prier pour toi et t'aider dans ta nouvelle marche avec Jésus-Christ : ztfbooks@cmfionline.org, ou Christian Publishing House, BP 385, Bertoua, Cameroun.

À propos de l'auteur

Le professeur Fomum est né le 20 juin 1945 au Cameroun. Il est né du Saint-Esprit le 13 juin 1956 et a été enlevé au ciel le 14 mars 2009 au Cameroun. Il était détenteur du Doctorat d'État (Ph.D.) en chimie organique de l'université de Makéréré à Kampala en Ouganda, ainsi que du D. Sc. (Doctor of Science) décerné le 1er juillet 2005, par l'université de Durham en Grande Bretagne, pour ses travaux de recherche scientifique de haute distinction. Au cours de sa carrière de Professeur de chimie organique à l'université de Yaoundé I au Cameroun, il a supervisé ou co-supervisé plus de 100 mémoires de Maîtrise et thèses de Doctorat. Il est coauteur de plus de 155 publications parues dans des journaux scientifiques de renommée internationale.

Il avait lu plus de 1300 livres sur la foi chrétienne, et en avait lui-même écrit plus de 150 pour promouvoir l'Évangile de Christ. À son départ pour être avec le Seigneur, 4 millions d'exemplaires de ses livres étaient en circulation dans onze langues, ainsi que 16 millions d'exemplaires, dans 17 langues, de traités évangéliques dont il est l'auteur. Dans la poursuite du but de proclamer l'Évangile de Jésus-Christ, Il avait effectué plus de 700 voyages missionnaires à l'intérieur du Cameroun, et plus de 500 voyages missionnaires dans 70 nations sur les six continents.

Le professeur Fomum dirigeait un mouvement d'implantation d'églises et d'envoi de missionnaires et à travers lui, plus de 10 000 miracles de guérisons instantanées ont été opérés par le Seigneur en réponse à la prière au nom de Jésus-Christ, notamment, la guérison des maux de tête, des cancers, des personnes séropositives, des aveugles, des sourds, des muets, des boiteux, etc.

Son épouse Prisca et lui ont eu sept enfants, tous engagés avec eux dans l'œuvre de l'Évangile. Prisca Zei Fomum est ministre nationale et internationale aux enfants. Le professeur Fomum doit tout ce qu'il fut, tout ce que le Seigneur fit en lui et à travers lui aux faveurs et aux bénédictions imméritées de Dieu, ainsi qu'à son armée mondiale d'amis et de co-ouvriers sans lesquels il n'aurait fait aucun progrès.

À Jésus-Christ soit toute la gloire.

Autres titres du même auteur

Le chemin du chrétien

- Le Chemin de la vie
- Le Chemin de l'obéissance
- Le Chemin d'être disciple
- Le Chemin de la sanctification
- Le Chemin du caractère Chrétien
- Le Chemin de la puissance spirituelle
- Le Chemin du service chrétien
- Le Chemin du combat spirituel
- Le Chemin des vainqueurs
- Le Chemin de la souffrance pour Christ
- Le Chemin de l'encouragement spirituel
- Le Chemin de l'amour pour le Seigneur
- Le Chemin de la prière victorieuse

La prière

- Le Ministère du jeûne
- L'Art de l'intercession
- La Pratique de l'intercession
- Prier avec puissance
- Combat spirituel pratique par la prière
- Mouvoir Dieu par la prière

- Le Ministère de la louange et des actions de grâce
- S'attendre au Seigneur par la prière
- Le Ministère de la supplication
- Pensées révolutionnaires sur la prière volume 1
- Pensées révolutionnaires sur la prière volume 2
- Pensées révolutionnaires sur la prière volume 3
- La Centralité de la prière

Aide pratique pour les vainqueurs

- L'Utilisation du temps
- Retraites pour le progrès spirituel
- Réveil spirituel personnel
- Rencontres dynamiques quotidiennes avec Dieu
- L'École de la vérité
- Comment réussir dans la vie chrétienne
- Le Chrétien et l'Argent
- La Délivrance du péché de la paresse
- L'Art de travailler dur
- Connaître Dieu: le plus grand besoin de l'heure
- La restitution: un message important pour les vainqueurs
- La Révélation: une nécessité
- La Vraie Repentance
- Tu peux recevoir un cœur pur aujourd'hui
- Tu peux conduire quelqu'un à Christ aujourd'hui
- Le Vainqueur en tant que Serviteur de l'Homme
- Tu as un talent
- Faire des disciples

- Le Secret d'une vie spirituelle fructueuse
- La Dignité du travail manuel

Dieu, le sexe et toi

- Jouir de la vie sexuelle
- Jouir du choix de ton conjoint
- Jouir de la vie conjugale
- Divorce et Remariage
- Un Mariage réussi: le chef-d'œuvre du mari
- Un Mariage réussi: le chef-d'œuvre de la femme

Évangélisation

- L'Amour et le Pardon de Dieu
- Reviens à la maison Mon Fils, Je t'aime Toujours
- Jésus t'aime et veut te guérir
- Viens et vois, Jésus n'a pas Changé
- 36 Raisons de gagner les perdus à Christ
- Le «Gagnement» des Âmes volume 1
- Le «Gagnement» des Âmes volume 2
- La célébrité un masque

Faire du progrès spirituel

- Vision, Fardeau, Action
- Le Ministre et le Ministère de la Nouvelle Alliance
- La Croix dans la vie et le ministère du croyant

- Connaître le Dieu de bonté sans pareille
- Le Brisement
- Le Secret du repos spirituel
- Faire du progrès spirituel volume 1
- Faire du progrès spirituel volume 2
- Faire du progrès spirituel volume 3
- Faire du progrès spirituel volume 4

Aide pratique dans la sanctification

- La Délivrance du péché
- Sanctifié et Consacré pour le Ministère spirituel
- Le Semeur, la Semence, et les Cœurs des Hommes
- La Délivrance du péché d'adultère et de fornication
- Le Péché devant toi pourrait conduire à la mort: ne le commets pas!
- Sois rempli du Saint-Esprit
- La Puissance du Saint-Esprit dans la conquête des perdus

Hors-série

- Es-tu encore un disciple du Seigneur Jésus?
- Un vase brisé
- La Joie de supplier d'appartenir au Seigneur Jésus
- Les Lois du succès spirituel Volume 1
- Disciple coûte que coûte
- Le Berger et le Troupeau
- L'Agressivité spirituelle

- L'Adoratrice recluse : la Vie et la Glorification de la prophétesse Anne
- Délivrance de l'emprise des démons
- La Guérison intérieure
- Aucun échec n'a besoin d'être final
- Tu peux recevoir le baptême dans le Saint-Esprit maintenant
- Faire face victorieusement aux problèmes de la vie
- Un mot aux étudiants
- La Prophétie du renversement du prince satanique du Cameroun
- La Puissance pour opérer les miracles

Nouveaux titres

- Stratégies d'implantation des églises
- Délivrance du péché de la gloutonnerie
- Centré sur Dieu
- Dieu, l'argent et toi
- Dans le creuset en vue du service
- Questions du cœur
- Jésus sauve et guérit aujourd'hui
- Diriger une église locale
- Rencontre le Libérateur
- Puissance pour le service
- La Prière et la Marche avec Dieu
- Les Croisades de prière Volume 1
- Pensées révolutionnaires sur le leadership spirituel

- Racines et Destinées
- L'Arôme spirituel
- La Noblesse spirituelle
- L'Art de l'adoration
- La Conscience du Croyant
- Le Caractère et la Personnalité du dirigeant
- Le Dirigeant et son Dieu
- Le Renversement des principautés et des autorités
- Les Processus de la foi
- La Vie remplie de l'Esprit
- Dispositions de victoire
- Marcher avec Dieu
- Les Femmes de la gloire Volume 1
- Les Femmes de la gloire Volume 2
- Les Femmes de la gloire Volume 3
- Toi, ton Équipe et ton Ministère

Distributeurs des livres de l'auteur

Pour l'Europe

Éditions du Livre Chrétien (Paris, France)
editionlivrechretien@gmail.com
+33 6 98 00 90 47

Pour l'Amérique

Association Livre Chrétien Canada (Montréal, Canada)
associationlivrechretiencanada@gmail.com
+1 514 993 8286 / +1 514 993 8256

Pour l'Afrique

Éditions Zacharias Tanee Fomum (Yaoundé, Cameroun)
editionsztf@gmail.com
+237 74 75 65 59

Christian Publishing House (Koumé, Cameroun)
cphkoume@cmfionline.org
+237 652 19 94 00 / +237 698 95 76 17

ZTF Literature and Media House (Lagos, Nigeria)
zlmh@ztfministry.org
+234 8152163063

Éditions CEDI (Abidjan, Côte d'Ivoire)
editions.cedi@yahoo.com
+225 07 90 35 75

Christian Publishing House (Bujumbura, Burundi)
cph-burundi@ztfministry.org
+257 79 97 72 75

Christian Publishing House (Kampala, Ouganda)
cmfiug@yahoo.com
+256 785 619 613

Christian Publishing House (Johannesbourg, Afrique du Sud)
tantohtantoh@yahoo.com
+27 83 744 5682

En ligne : numérique, audio et impression à la demande
ztfbooks.com / books.ztfreader.com / ztfbooks@cmfionline.org
+47 454 12 804
Tous les principaux distributeurs en ligne : Amazon, Google, iBooks, B&N, Ingram, NotionPress, etc.

Imprimé en France. - DUPLIPRINT, 733, rue Saint-Léonard, 53100 MAYENNE
N° 2990313S - Dépôt légal : juin 2024